홀로서기를 위한 시

홀로 서기를 위한 시

팀 구텐베르크 지음

목차

머리말   8

1장 자기 발견

1. 홀로 서서 깨닫다   16
2. 나만의 보물   18
3. 여행자   20
4. 눈 속이다   21
5. 참지이   22
6. 장난감   24
7. 영혼의 빵   26
8. 주말의 명화   28
9. 내게 쓴 편지   30
10. 직관에 관하여   32
11. 세 가지 꿈   34

2장 고독과의 대화

1. 책속의 나 38
2. 씨앗 40
3. 단독자의 노래 41
4. 교향곡 42
5. 니체의 시 44
6. 고독한 쇼펜하우어 46
7. 독립 48
8. 소속 49
9. 상류 50
10. 단풍(斷風) 51
11. 고동 52
12. 항해 53

3장 내면의 갈등

1. 극복 56
2. 마주(馬走)하다 57
3. 조각 58
4. 달의 소리를 듣는 소녀 60
5. 감정의 소리 63
6. 엘라, 엘라의 노래 64
7. 타이탄의 눈물 66
8. 새벽의 태양 68
9. 마리오네트 70
10. 나비의 꿈 71

4장 회복과 성장

1. 고통을 감내하라 74
2. 산수유나무 76
3. 에피쿠로스의 편지 78
4. 연마 81
5. 자전 82
6. 여명의 빛 84
7. 재현된 여명 85
8. 우드득 87
9. 달램 88
10. 노인의 회고 90
11. 울어서 웃겠다. 92

5장 자유와 해방

1. 흙길을 걷다 96
2. 성찰일기 98
3. 제목이 없는 시 101
4. 그림자 놀이 102
5. 직관의 지도 104
6. 자유를 위하여 105
7. 광전효과 106
8. 새장을 열며 108
9. 나침반 112
10. 천사의 다짐 114
11. 홀로 서서 깨어나다 117

머리말

팀 구텐베르크

꿈을 꾼다는 것은 좋은 일이다.
그래서 누구나 꿈을 꾼다.

하지만 모두가 꿈을 이룰 용기를 갖는 것은 아니다.
우리는 우리의 삶이 무너지는 것을
너무도 두려워한다.

고립되는 것을, 무시당하는 것을, 뒤처진다고 느끼는 것을
너무도 두려워한다.

우리는 용기를 가져야 한다.
그러한 고독과 고통이 삶의 일부라는 것을 인정하고
견뎌내며, 활용할 수 있어야한다.

그러려면 우리는 홀로 설 각오를 해야 한다.

하지만 홀로 서는 것은 쉽지 않다.
홀로 선다는 것은
나 자신이 독립되며 자유로운 개체임을 인정하고
스스로의 의지를 마음껏 표상하는 것이다

이것은 우리의 관념을 깨고 세상에 도전하는 일이기에
당연히 두려울 수 밖에 없다.

우리는 관념에 의해 지나치게 지배받는다.
무엇을 하고, 하지 말아야하는지.
그래서 선(善)에 지나치게 구애받는다.

하지만
가장 타당한 선은
오직
우리의 본성을 자유롭게 드러내는 것이다.

그 외에 당신을 종속하고 제한하는 선이 있다할지라도
그것은 결코 당신의 본성에 우선하지는 않는다.

그렇기 때문에 우리는 매 순간 도전해야한다.
우리의 본성을 표현하고 드러내기 위해.

설령 그것이
우리의 안락함을 해친다고 할지라도,
삶에 새로운 돌풍을 가져온다고 할지라도,
포기해서는 안된다.

언제나 그랬듯이, 우리는
해낼 것이다.
반드시.

그러기 위해 우리는 기껍게 홀로 서야한다.

그리고 그러한 각오를 다지기 위해,
우리에게는 홀로서기의 중요성을 알려줄
가슴 떨리는 깨달음이 있어야한다.

이 시집은 그래서 쓰였다.
꿈을 꾸는 여러분이
당당히 홀로 설 수 있도록
보탬이 될 수 있도록.

이 시집은 시를 담고 있지만
그 자체로도 이미 하나의 시다.

여러분의 삶도 마찬가지다. 여러분의 삶도 하나의 시다.
그것이 완결되는 형태로 끝나는지 아닌지는 중요한 것이
아니다.

중요한 것은 시를 이끌어가는 것.
그것이 전부다.
자신을 믿고 삶을 주도적으로 이끌어가라

이 시집은 특정한 메시지를 전달하려는 명확한 의도와 목적을 갖고 쓰였다.
하지만 그것은 우리의 의도일 뿐 정답은 아니다.
해석의 여부는 전부 여러분에게 달렸다.
각자의 정답을 선택할 권리는 모두 각자에게 귀속되니까.

앞으로도
고독하지만 위대한 자유를 향해
끊임없이 달려가는 여러분을
응원하고,
또 응원하겠다.

이 시집을 고른
당신의 선택에
진심으로 감사한다.

즐거운 성찰의 시간을
향유하길 바란다.

1장 ——————————— 자기 발견

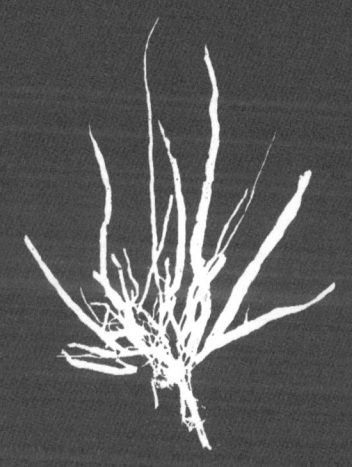

목적

자기 자신을 알아가기

내면의 목소리에 귀 기울이기

자신을 있는 그대로 수용하고 사랑하기

홀로 서서 깨닫다

마음의 바다는 깊다
그래서 평온한 순간에는 좀처럼 움직이지 않는다
우리가 굳건히 혼자 나아갈 때
비로소 깨달음의 물결이 일렁인다

창발하는 마음의 걸음

첫 걸음에 마음의 문을 열고
두 걸음에 무한한 내면으로 나아간다
세 걸음에 소란스러운 세상을 뒤로한 채
네 걸음에 고요함 속에서 뜻을 찾으며
마지막에는 숨겨진 진리들이 서서히 드러난다

나만의 길을 걸으며
무수한 질문들과 마주하고
그 해답을 찾아 나서는 위대한 과정

매 순간 새로운 발견과 깨달음이 넘쳐흐른다

그렇게 마음속 깊은 곳에서 새로운 '나'가 꿈틀거린다
홀로서기를 통한 본성의 창발
그것이
독립된 존재로서의
나.

나만의 보물

휘몰아치는 세상 속에서
결코 자신을 잃지 마라
너의 길을 걸어가며
그저 진실된 자신을 찾아라

거울 속의 모습은
진정한 내가 아니다
타인이 보는 나의 모습도
진정한 내가 아니다

우리는 겉모습이 아닌
본성에 따라 표현되고, 표현한다

찬미로운 보물처럼
너의 내면에 감추어져 있는
본성을 기껍게 찾아나서라

모든 본성은 그 자체로 완벽할지니
완벽함을 걱정하지 마라

그저 자신만의 이야기를 찾으며
심장이 뛰는 소리에 귀 기울인다면
그 안에 숨겨진 힘을 발견하리라

가끔 넘어질지라도
그것은 과정일 뿐

네가 누구인지, 네가 어디로 가는지는
스스로가 가장 잘 알고 있으니
자신의 가치를 인정하며, 수용하는
가장 중요한 진리를 잊지 마라.

여행자

호수에 비친 얼굴의
익숙한 듯 낯선 시선 속에서
나 자신을 알아가는 여행을 시작한다

먼저 조용한 호수에
생각의 돌을 던지며
파동 속에 숨겨진 나를 발견해낸다

마음의 빛을 바라보며
기쁨과 슬픔의 파동을 뜨다가
푸르듯 일어난 감정을 바라본다

그렇게 마음의 그림자를 이해하며
추억 사이로
과거의 나와 마주하며
오늘의 나를 이해하리

빛과 그림자, 모두를 안고
자신의 모든 면을 받아들이며
진정한 자아를 찾아간다

나 자신을 알아가는 것은
끝없는 탐색과 무한한 사색의 부조리한 조화

하지만 그것은 거부할 수 없는
절대적 본능.

눈 속이다

백색의 눈 속 겨울 숲을 거니는 나
발자국을 남기며 그리움과 새로움이 손잡는 곳을 찾아
미로 같이 하얀 무의식 속 숨겨진 길을 탐색하며
눈 속에 잠들어 있던, 눈이 부신 자아를 마주한다

눈보라 속 선율은 자아의 언어로 노래되고
잊혀진 꿈의 파편이 손 끝에 살며시 닿아
우리 자신의 마음을 보게 한다

그렇게 나는
나를 있는 그대로 받아들이고 사랑하게 된다.

참자아

내가 태어난 순간부터 우리는 서로를 향한 걸음을 뗐지
그리고 서로의 세계 속으로 조심스레 발을 내디뎠어
미간과 정수리가 마주친 그 순간에는 모든 것이 멈췄어
우린 결국 말 없이도 서로를 이해하는 사이가 되었지
그렇게 한숨과 웃음 속에서 우리는 서로를 알아갔어
점점 더 깊어지는 연결 속에서 우리만의 언어를 찾았고
함께 걸어가는 이 삶에서, 나는 너를 너는 나를 발견했어

영원히 함께 할, 내 안의 진정한 나여
앞으로도 잘 부탁할게.

장난감

다양한 조합으로 연결되는 장난감처럼
너는 너만의 색깔과 형태로 존재해

너는 아기자기한 장난감의 부품들이 모여 만들어진
너만의 이야기를 품은 유일한 존재

레고 블록처럼 하나하나 쌓아가며
네가 원하는 모습을 스스로 만들어 가
때로는 무너질 수도 있지만
그때마다 다시 시작할 수 있는 거야

퍼즐 조각처럼 때론 맞춰지지 않아 보여도
결국 모든 조각이 제자리를 찾아가듯
너도 네 자리를 찾을 거야
그러니 너무 조급해하지 말아

계속 변하는 친근한 모양새 속에서도
너라는 이름 아래
그것은 특별한 것으로 이어져

너는 네가 만든 세상의 주인공이란다
무엇이든 될 수 있는 아이의 마음으로
장난감과 같이 너의 세계를 만들어가

네가 있기에 빛나는 세상에서
너를 있는 그대로 사랑하렴.

영혼의 빵

내 안에는 항상 열망이 타오른다

아무것도 예상할 수 없는 이 세계에서
내 영혼은 굶주림에 허덕이며
지혜의 양식을 찾아 헤매고 있다

마음은 경험을 반죽한다
고통과 기쁨, 그 감정들의 달콤쌉싸름한 혼합은
내면의 양식을 구워내는 과정이며
참된 자아 발견을 위한 고귀한 행위다

그 사이 우리의 마음속에는
보이지 않는 융화가 펼쳐지며
성찰을 통해 영혼을 채우는 만찬이 열린다

그렇게 우리는 마음으로 먹는다
마음으로 먹는 식사는
자기 인식과 수용이라는 기원이 가득하다

지혜의 식탁에 앉아, 영혼의 빵을 먹을 때
비로소 우리는 만족을 느낄 것이다

그러니, 내적인 감각을 사랑하라
그것이야말로 영혼을 달래는 가장 가치 있는 양식이다.

주말의 명화

평화로운 주말
삶이라는 도화지에
평범한 일상의 색을 물들여요

창가의 따스한 햇살은
커피 한 잔과 같은 나른한 색채
평화로운 하루가 그림처럼 살아나
아름다운 명화를 완성하죠

소중한 시간은
사랑과 웃음으로 채워진 팔레트에 채워지고
포근한 대화의 물감으로
가슴 따뜻한 장면을 그려내요

아름다운 자연에서는
푸른 하늘과 햇살들이
조화로운 물감으로
자유와 평온을 더해줄 거에요

그렇게 소박한 도화지 위에서
작은 행복들이 모여
평범한 순간들이 예술이 되어요.

내게 쓴 편지

사랑하는 나에게

세상이 발산해내는 불합리한 소음 속에서도
너만의 소리를 찾길 바라며 이 편지를 쓴다.

수많은 불협화음이 너를 둘러싸고 마음을 흔들려할 것이다. 너는 귀마개가 되어줄 너만의 목소리를 들어야 한다.

그러려면 세상의 다양한 소리 중, 너 자신의 소리를 구별하는 방법을 배워야 한다. 너의 생각과 감정이 세상의 어떤 소음보다 더 중요하고 특별하다는 것을 잊지 마라.

가끔은 세상은 너무 시끄러워 자신의 생각조차 듣기 어려울 때가 있을 것이다. 그럴 때마다 조용히 너만의 공간을 찾아가라. 그 공간에서 너는, 가장 중요한 소리인 자신의 목소리를 들을 수 있을 것이다. 그 목소리는 항상 너를 위한 조언을 가지고 있으며 너를 진정으로 원하는 방향으로 이끌 것이다. 우리의 마음은 문제의 해답을 알고 있으니까.

세상의 소음에 휩쓸리지 않고 언제나 너 자신의 길을 걷다 보면, 그 길이 어디로 이끌지 모르더라도 너의 마음이 너를 올바른 곳으로 인도할 것이다.

마지막으로 부디 너에게 부탁하건대
네가 느끼는 모든 것에 귀 기울이고 너 자신에게 충실하거라.
너의 마음이 너에게 가장 소중한 이야기를 들려줄 테니까

그렇게 너 자신을 믿고 너의 목소리에 귀를 기울이며
세상의 모든 소리 속에서도 니민의 소리를 찾아라.

진심을 담아,
너의 마음에서 외친다

직관에 관하여

내 안에는 조용한 감각이 흐르고 있다
그것은 물결치는 바다처럼
흐트러짐 없이, 끊임없이 이어진다

그 감각을 통해 나는 나만의 진실을 듣는다
그것은 푸른 숲을 향해 부는 바람처럼
혼란스럽지만, 그 어떤 것보다 가장 진실된 목소리다

그 목소리를 듣는 것은
진정한 자신을 발견하도록 해준다
그것은 새벽이슬이 꽃잎을 적시는 것처럼
가볍지만, 그 어떤 것보다 가장 생명력 넘치는 힘이다

그 힘을 믿고, 나는 나의 길을 가고 있다
그것은 산을 넘어가는 하천처럼 험하게 흐르지만
그 어떤 것보다 가장 자연스러운 길이다

그렇게

나는 나의 진실에 충실하게 살아간다

그것은 떠오르는 태양이 동쪽에서 빛나는 것처럼

끝없이 반짝이고, 그 어떤 것보다 가장 빛나는 삶이다.

세 가지 꿈

세 가지의 꿈을 꾸었다

첫 번째 꿈에서는 미로를 걸었다
어둠 속에 숨겨진 벽을 짚으며
벽 앞에 선 나, 그리고 또 다른 나
서로를 바라보며 말없는 대화를 나누었다
나는 그를 이해하지 못했다
불쾌한 기분이었다

두 번째 꿈에서는 울림을 들었다
나는 불현듯 갑자기 하늘로 솟았다
구름의 조각들 사이로 세상을 바라보는 새의 눈으로
바람이 나뭇잎을 통해 속삭이는 반성을 통해
나의 마음 속 깊은 곳에 울려퍼지는 울림을 들었다
나는 천천히 그 울림을 느꼈다
좋은 기분이었다

세 번째 꿈에서는 호수를 보았다

나는 맑은 호수에 떠 있었다

호수는 맑아, 스쳐지나가는 것을 전부 비추었다.

호수는 거울이 되어, 내 안의 세계를 비추었고

나는 자신과의 소중한 대화를 나누었다

나는 비로소 그를 이해했다

행복한 기분이었다.

2장 ——————————— 고독과의 대화

목적

고독의 효용을 인지하기

고독을 통해 성장하기

고독과 함께 스스로를 되돌아보기

책 속의 나

고독의 시간
그것은 내 마음의 책을 열어보는 시간
그 책 속에 적힌 이야기는, 가장 순수한 나의 이야기

그것을 읽으며 나는 나를 이해한다
그것은 과학자가 진리를 파헤치는 것처럼
조용하지만 확실히, 나의 존재를 밝혀내는 순간

그 순간을 통해 나는 나를 성찰한다
그것은 대지의 숨결이 잔잔한 호수를 흔드는 것처럼
부드럽지만 깊게, 나의 마음을 움직이는 과정

그 과정 속에서 나는 나를 발견한다
그것은 새가 둥지를 향해 날아오르는 것처럼
자유롭지만 확실히, 나의 방향을 찾아가는 순간

그래. 그 고독의 시간 속에서
나는 나를 이해하고, 나를 성찰하며, 나를 발견한다
그것은 해가 동쪽에서 서쪽으로 움직이는 것처럼
조용하지만 확실히, 나의 변화를 이끌어내는 과정.

씨앗

아무에게도 보이지 않는
흙 속 깊이 숨은 씨앗
작은 꿈을 품고
어둠을 뚫고
빛을 향해
결국
세상을 길이길이 품다

단독자의 노래

나는 혼자인 채로
나만의 의지가 메아리치는 동굴에 들어가겠노라

단독자라 불리움을 자처하며
비록 함께할 이 없어도, 나의 존재만으로 충분히 빛나겠노라

온갖 시련에도 굴하지 않고
나만의 힘으로 모든 난관을 헤쳐 나아가겠노라

누구에게도 의지하지 않고
스스로를 위로하고 다독이며, 나의 의지에 귀 기울이겠노라

흔들리는 꽃잎처럼 가끔은 외로움에 젖어들지라도
내가 나로 존재하는 것에 대한 긍지로 다시 일어서겠노라

그렇게 나는
나다움을 지키며 살아가겠노라

교향곡

침묵이 내려앉은 무대 위
인식하지 못했던 심연이 서서히 부상하리

악보 없는 선율은 심장 속에서 재생되어
은밀히 울러 퍼지는 침묵의 교향곡을 연주한다

조명 하나 없는 극장에서 나 혼자만이 빛나고
고독한 연주자는 세상과 이격되었다

그윽한 아리아가 내면 깊은 곳에서 울리고
자아와의 대화는 무언의 노래가 되어 흐르네

화려한 삶에도 고독이 있고
내면의 무대에서는 끊임없이 전투가 벌어진다

아름다운 삶에도 험난한 길이 놓여 있어
삶이란 결국 고유한 멜로디를 찾아 헤매는 것

화음과 불협화음의 경계에서
마음의 현을 타고 뛰노는 두려움과 기쁨

그러니 이 교향곡이 시작할 때
내면의 세계는 더욱 풍부하고 깊어진다

소리 없는 교향곡이 고독의 무대에서 펼쳐진다
결과는 하나의 영혼이 만들어내는 무한한 선율

이 복잡한 선율 속에서 탄생하는
나만의 궁극적인 조화로움.

니체의 시

어두운 암흑 속에 나 홀로
악몽을 마주한 채 담대히 선 나
이 깊고도 무한한 침묵 속에서
나의 영혼은 용감히 손을 내민다

나는 고독을 친구로 삼았노라
그것은 나를 깊이로 인도하는 등불
내 안의 소용돌이에서 찾아낸
나만의 진리

고독이여. 너는 나의 동행자이니
네 안에서 나는 나를 발견하고
깊은 사색과 함께 삶을 찾는다
내가 찾은 것은 바로 무한한 자유

두려움이여. 너는 나의 도전이니
너와의 싸움 속에서 강해지는 나
나 홀로 세상을 바라보며
너의 존재를 향유하노라

고독 속에서 발견한 평화가
내 삶의 빛나는 보석이다.
나는 이제 고독을 두려워하지 않으리
그것은 나를 나로 만드는 힘이니.

고독한 쇼펜하우어

소속과 고독 중 하나를 택하라면, 나는 주저없이 고독을 택하겠다. 사색의 늪에서 홀로 사유하라고, 고독은 언제나 나에게 말을 건넨다.

모든 행동은 허무로 귀결되고, 모든 열정은 고통을 낳는다. 그렇다면 진정한 지혜는 무엇인가? 그것은 세상의 허상에서 벗어나, 진리를 향해 나아가는 것이 아닐까?

이 세계의 허상들은 침묵과 함께할 때 비로소 녹아내리며, 허상이 사라질 때 진리는 비로소 발견된다. 바로 이 곳, 아무도 범접할 수 없는 금단의 영역에 진리의 성역이 있다. 고독은 나의 친구이자, 나의 스승이며, 나의 위안이다.

내 안에 깃든 의지는 끊임없이 부딪히고, 또 괴로워한다. 그러나 기꺼이 고독을 택한다면 불완전한 의지로부터 한 발짝 물러서, 세상을 객관적으로 바라볼 수 있다. 고독을 통해

서만 우리는 오로지 세상을 더 본질적으로 이해할 수 있기 때문이다. 그저 고요한 관조를 통해 세상의 본질과 자신의 본질을 들여다보라.

그럼으로써 고독은 진실된 통찰을 선물한다. 삶이란, 자신이라는 능동적 주체 안에서 끊임없이 흐르는 강과 같다. 가끔은 잔잔하게, 가끔은 거세게 흐르며 나를 반추하는 삶으로 이끈다. 이 강물은 어디로 흘러가는가? 그것은 누구도 아닌, 오직 나만이 답할 수 있는 비밀이다.

세상은 고통과 욕망으로 가득하지만, 고독을 통해 우리는 근본적으로 이 모든 것으로부터 벗어날 수 있다. 그러므로 너의 고귀한 의지를 감히 타자에게 내어주지 말아라. 고독을 통한 내면의 온전한 독립만이 세계가 줄 수 없는 위대한 삶을 이루는 유일한 방법이다.

독립

나는 그곳에 있고 싶었다
군중 속의 한 부품이 되고자 했던
소속에 대한 갈망은 나를 계속 밀어붙였다
군중의 통념에 맞춰 나만의 신념을 억누르며 애썼던
마음속 깊은 곳에서 우러나오는 소속감에 대한 갈망은
내 자신을 잃어가는 것 같아도, 그들 중 하나가 되라고 종용했다
하지만 그렇게 소속되고자 했던 욕망의 결과를 경험하자, 비로소 깨달았다
소속됨으로써 얻는 것보다 잃는 것이 더 많다는 것을
그렇게 깨달음을 얻자, 모든 것이 변하기 시작했다
나는 고독을 더 이상 두려워하지 않기로 했다
고독을 경험하며 나를 발견하기 시작했다
고독이 내게 가르쳐 준 위대한 사실은
나 자신이 홀로 우뚝 설 수 있을 때
진실로 강해질 수 있다는 것
그것이 바로
독립.

소속

고독은 우리에게 새로운 소속감을 준다
바로 우리 자신에게 온전히 소속될 수 있기에.

상류

고독한 바다 위에
창조의 물결이 흐르네.

창조의 물결은 조용히 흐르며
생각의 샘을 채우네.

단풍(斷風)

단풍잎 하나가 떨어져 바람을 가르며 떨어지듯

내 영혼도 조용히 누구의 간섭도 없이
스스로의 길을 걷는다.

고동

심장의 고동 속에 고독이 숨쉰다
한 박자, 한 숨결이 홀로 되어
맥박의 속삭임은 고독의 노래를 부른다
그것은 매 박동마다 우리의 이야기를 품는다

고동은 자신과의 소리 없는 대화
심장이 그리는, 외로운 사방(舍房)
은밀한 심장의 고백을 듣고
고독한 영혼, 고동에 맞춰 춤춘다.

항해

배가 물살을 가르며
바다 위에서 항해한다

아무것도 보이지 않는 희미한 해무의 바다
저 멀리 있는 등대만이
희미한 빛을 보내어 항로를 안내할 뿐이다

해풍은 외로운 배를 흔들며
별빛은 등대의 빛을 산란시키며 조롱한다
등대만이 외로운 항해사에게 불을 밝혀줄 뿐

하지만 등대는 점점 더 밝게 빛나며
배를 향해 위치를 알리고
마침내 배는 등대에 도달하게 된다.

3장 ──────────── 내면의 갈등

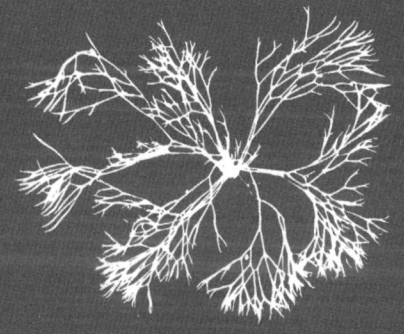

목적

두려움과 투쟁하기

자기 회의를 이겨내기

다양한 감정을 인지하고 수용하기

극복

폭풍 건너,
무지개

마주(馬走)하다

심연을
마주한 순간

절대
도망치지말고

두려움의 벽을
부수고

심연 너머의
빛을 향해

말을 타고
달려라.

조각

시간을 이루는 연속된 감각을 경험하며
조각들을 모아 하나의 모자이크를 이룬다
이야기는 각기 다른 색으로 채워져
인생의 헝클어진 실을 따라 복잡한 무늬를 짜낸다

우리는 길 위에서 무수히 많은 교차점을 만나
마주침과 이별을 통해 새로운 경로를 그려낸다
끊임없이 방황하는 우리는
시계의 바늘처럼 끊임없이 움직이며 방향을 탐색한다

연쇄된 활강은 알 수 없는 목적지를 향하며
각각의 비행은 종잡을 수 없는 저마다의 궤도를 그린다
가끔은 충돌하고, 가끔은 평행선을 그리지만
결국은 이어져 우리만의 이야기를 창조한다

그렇게 찢어진 도화지를 펼치고
희망의 실마리를 찾아
의지로 물감을 다시 쌓아올리며
자신만의 그림을 완성해낸다

우리의 그림은 쪼개진 시간의 조각에도 불구하고
삶에 깊이 뿌리를 내리며
결국 걸작으로 칭송될 것이다.

달의 소리를 듣는 소녀

따뜻한 달빛이 쏟아지는 밤하늘의 조용한 언덕에
한 소녀가 앉아 있습니다.

달빛에 비친 그녀의 눈은 그 무엇보다도 반짝이지만
그 이면에는 무거운 생각들이 따라붙고 있습니다

자신의 길과 존재에 대해 깊이 고민하는 소녀는
불안해하며 질문합니다.

"내게 특출난 것은 뭐지?
이 길이 정말 옳은 것일까?
나는 그저 평범한 사람인 것은 아닐까?"

하지만 달은 그녀의 마음을 알아차리고
조용히 그녀에게 말을 건넵니다.

"너는 오직 너만의 경험을 갖고 있어. 그건 다른 사람을 너와 구별하게 해주는 가장 큰 특별성이야."

하지만, 소녀의 마음에는 여전히 의구심이 가득합니다.

"경험은 모두가 다 하는 거야. 내 경험들이 다른 사람들 것보다 더 낫다고 할 이유가 있을까?"

하지만 달이 다시금 조용히, 그러나 확실하게 대답합니다.

"그건 아무도 몰라. 확실한 것은 경험과 본성이 융화되어 완전히 새로운 것을 만들어낸다는 사실이야. 그것이 하나의 위대성을 촉발해내지. 누구도 그런걸 일부러 만들어낼 수는 없어. 오직 한 명의 인간만이 가능한 일이야. 그러니 너와 너의 본성을 믿고 계속 도전해. 그것이 바로 네가 할 수 있는, 너만의 고유한 능력이야."

그녀는 고개를 들어 반짝이는 별들을 바라보며,
달의 말에 용기를 얻어 심장이 뛰기 시작합니다.
그녀의 눈동자는 이제 더 밝고 맑게 변하며
자신의 길을 스스로 만들어갈 수 있다는 진실을 깨닫습니다.
그녀는 더 밝게 빛날 준비가 되어 있습니다.

달빛이 그녀를 따뜻하게 안아주었고
그녀는 미소를 지으며 확신에 찬 걸음을 내딛습니다.
새로운 날을 향해 자신감을 안고 걸어가는
달의 소리를 듣는 소녀로서 말이죠.

감정의 소리

긴장과 두려움의 소리
후욱, 후욱

그에 맞춰 딸려오는 불안의 소리
덜컹, 덜컹

그럼에도 용기를 갖고 도전을 결심하는 소리
두근, 두근

그렇게, 도전하러 발걸음을 내딛는 소리
타닥, 타닥

도전에 성공해 안도감을 내쉬는 소리
후하, 후하

기쁨의 외침으로 새로운 시작을 축하하는 소리
야호

엘라, 엘라의 노래

엘라, 우리 마을의 꼬마
세상을 바라보는 눈이 맑고 밝아
나무처럼 높이 꿈을 키워
하늘까지 솟구쳐 구름 위로!

숲속에서 뛰어노는 매일매일
신비한 숲에서 모험을 찾아
화려한 꽃들 사이를 거니는 엘라

길을 잃었을 때는 잠깐 길을 멈춰
엘라는 잠시 놀라 숨을 죽여
하지만 용기를 내어, 어려움을 극복!
다시 새로운 길을 찾아

모험은 꿈을 향해 나아가는 과정!
꿈을 향하는 엘라는 별처럼 빛나

엘라, 스스로 길을 만드는 소녀
꿈을 현실로 키우며 하나하나 성장
모험은 계속되지만 이미
마음만으로도 그녀는 승리자
반짝이는 꿈의 주인공!

타이탄의 눈물

전쟁이 시작되는 혼란한 들판
은빛 갑옷 뒤에 숨은 슬픔이 영혼을 휘감는다
전장의 바람이 전사의 마음을 훑고
두려움을 그의 어깨에 조용히 얹는다

그는 조용히 속삭인다
용기마저 떨릴 수 있다고
칼날 위로 눈물 한 방울이 떨어질 때
잃어버린 명예를 향해 나아가는 그 순간
고독한 전사는 나직이 고백한다

전쟁의 노래가 아닌, 평화의 기도를 바라며
갑옷 속 깊은 곳에는 숨겨진 두려움이 타오르는 것을
철의 마음을 사랑으로 녹일 수 있지 않을까?
하지만 전진만이 전사의 길
뒤돌아선 순간, 죽음이 기다린다

타이탄의 눈물로 적셔진 땅은
영웅의 이야기가 아니라 인간의 약점을 노래하네
강철 같은 의지 뒤에 숨겨진 깊은 상처
그것은 전사의 가슴 깊숙한 곳에 있는 수치심을 드러낸다

그러나 후세는 그의 용기를 노래하리
흔들리는 감정 속에 숨겨진 힘을 깨우며
수치스러웠던 마음에서 참된 용기가 태어나고
결국 진정한 힘을 발견하리니.

새벽의 태양

새벽의 눈물이 풀빛 아래로 흐른다
밤의 어둠 속에 가려진 풀은
숨겨진 미소와 함께 먼지 속에 잠긴다
은은한 슬픔의 강물은 그저 조용히 속삭인다

자신은 아무것도 기대할 수 없다고
결국은
남지 않을 것만 같다고
아무것도.

그러나 동틀 녘, 소망의 빛이 스며들고
희미한 태양 아래서 꿈은 다시 피어난다
새벽의 눈물은 이슬로 변모해
태양의 포옹 속에서 기쁨으로 노래한다

가시 돋친 어둠 속에서도 희망은 숨 쉬고
슬픔의 강물이 기쁨의 바다로 흘러가며
결국은 어둠을 가르는 한 줄기 빛이 온다

그렇게 새벽의 태양은
어둠을 이겨내고 밝게 빛난다.

마리오네트

마음의 극장에 펼쳐진 연극
감정의 실에 매달려 우리는 춤춘다
기쁨의 무도회 바로 옆은 슬픔의 잔치가 열리네
그 무대 위에서 우리는 그저 마리오네트

작은 충격에도 부숴지는 유리처럼
한순간의 속삭임에도 춤을 추는 인형
행복의 빛도 잠시, 슬픔의 그늘도 잠시
끝없이 흔들리는 감정의 조율사

이유도 모른 채 자극적인 감정에 휩쓸려
숨겨진 실을 조종하는 손길에
우리는 마리오네트. 춤을 춘다 또 다시.

나비의 꿈

향기로운 꽃 위 나비 한 마리
아름다운 색깔에 취해 날개짓하네

형형색색의 꽃마다 날개를 펴고
찬란한 유혹에 빠져
잠깐의 황홀함을 좇는 그 순간
서서히 잊혀지는 꽃의 감각

태양이 기울고 꽃잎이 저물 때
나비는 꿈에서 깨어 홀로 남네

꽃마다 남겨진 미련의 오솔길
향기는 사라지고 날갯짓은 무거워져

그저 기억만이 남을 뿐이었네.

4장 ─────────── 회복과 성장

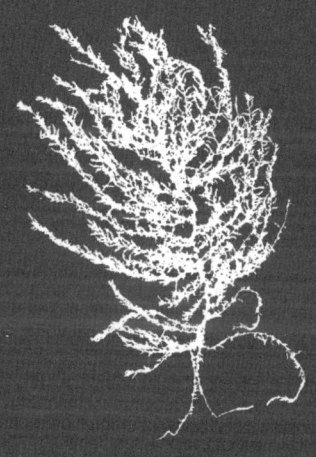

목적

상처에서 배우기

위기를 기회로 바꾸기

자신감과 희망으로 나아가기

고통을 감내하라

휘몰아치는 태풍
모든 것이 부수어지는
고통의 형벌이 내릴 때엔
묵묵히 감내하는
내면의 우상을 찾아가라

절망을 걸으며
고독한 길을 헤매어도
내 발걸음은 묵직하나 확고하리

흔들리는 촛불처럼
태풍 앞에서 흔들려도
불꽃의 끝에서 희망을 발견하리

고통의 견디는 것은
그저 나아가는 과정의 일부이니
절망 속에서 희망을 찾기를 불신하지 말아라

어둠을 지나
빛나는 아침을 맞이할 때
고통은
강함으로 변모할 것이다

그러니 주저없이 고통을 감내하라.

산수유나무

흙 속에 조용히 잠들어 있던 산수유 씨앗 하나
모래 알갱이만큼이나 작은 존재지만
어둠 속에서도 햇빛을 향해 나아가는 끈기가 있다

시간이 지나
물 한 방울과 함께 닿는 태양의 따스한 손길에
힘겨운 겨울을 견디고 봄을 맞이하며 작은 싹을 틔운다
그것은, 마치 포기하지 않는 마음의 상징

시간이 지나
비바람 속에서도 굽히지 않는 나무가 되어
흔들리지만 결코 뿌리는 놓지 않는다
그렇게, 생명의 불꽃을 더욱 밝힌다

시간이 지나
계절이 변할 때에도
매번 새로운 꽃을 피워내며
그 속엔, 포기하지 않는 마음이 꽃처럼 피어난다

인간은 나무로부터 배워야한다
어려움 속에서도 피어나는 희망이 있다는 것과
결코, 포기하지 않는 삶이 아름답다는 교훈을

시간이 지나
우리가 스스로를 되돌아볼 때
우리의 끈기가 생명을 더욱 환하게 비추이줄 것을
간절히, 믿는다.

에피쿠로스의 편지

친구여. 이 편지를 통해 고통스러움에도 즐거움을 찾는 방법에 대한 나의 사유가 전달되기를 바란다.

먼저 우리는 인생에서 마주치는 고통은 불가피한 것임을 이해하고, 그로부터 도피하기보다는 그것을 통해 깨달음을 얻어야 한다. 이는 필연적으로 고통이 존재의 일부를 구성하기 때문이다. 이 때문에 고통이라는 경험은 우리에게 내면을 돌아보게 하고, 우리의 욕망이 얼마나 무분별한지를 깨닫게 한다.

또한 하나의 질문을 우선시하라. 우리가 진정으로 필요로 하는 것은 무엇인가? 이 질문에 대한 답은 대단히 단순하고 소박하다. 그것은 바로 진정한 행복이며, 이것은 욕망의 충족이 아니라 욕망의 평온함에서 발현된다. 이러한 평온함은 정신적 만족과 영혼의 안정을 통해 얻어지며, 고통이 주어지는 순간에도 우리는 이 평온함을 추구해야 한다.

또한 나는 고통을 단순히 견디는 것이 아니라, 그것에서 벗어나기 위한 지혜를 찾아야 한다고 믿는다. 고통 속에서도 우리는 삶의 행복을 발견할 수 있으며, 이는 우리의 내면을 탐구하고 자신의 한계를 인식하는 과정에서 비롯된다. 고통은 결국 우리의 정신을 강화시키고, 우리가 삶의 진정한 가치에 더 깊이 몰입하게 만든다.

이러한 이유로, 고통과 행복은 삶의 양면성을 이룬다. 한 쪽 없이는 다른 쪽의 가치를 제대로 이해할 수 없다. 고통 없는 행복은 피상적일 뿐이며, 행복 없는 고통은 우리를 성장시키지 못한다. 따라서 우리는 고통을 통해 쾌락을 더욱 깊이 이해하고, 그 과정에서 우리 자신을 더욱 발견시켜야 한다.

또한 평온함과 내면의 조화로움을 추구하라. 이것이 우리가 추구하는 삶의 궁극적인 목표이며, 우리 모두가 추구해야 할 진정한 행복이다. 고통스러운 때에도 변치 않을 진정한 평온함을 발견할 때, 우리는 즐거움을 일상적인 삶으로 가져올 수 있을 것이다.

친구여. 이 글을 통해 너도 나처럼 고통 속에서 즐거움을 찾는 법을 배울 수 있기를 바란다. 고통을 견디며 얻은 깨달음이 우리를 진정으로 자유롭게 만들 것이다. 우리의 삶을 풍요롭게 하는 것은 바로 이러한 깨달음과 자유이며, 이것이야말로 진정한 행복으로 가는 길이다.

연마

갈라짐 속에
가르침 깃들고
성장의 표면
움트네

자전

끊임없이 자전하는 지구처럼
우리의 삶도 계속 회전합니다

하지만 우리의 회전은 지구와는 다릅니다
매일 같은 축 위를 돌아도
매번 새롭고 독특한 경험으로 가득 차기 때문이죠

나만의 축을 중심으로
내면 세계와 외부 세계를 연결하며
우리는 계속 성장합니다

시간의 흐름 속에서
자전하며 겪는 변화와 도전들
그렇게 우리는 자아의 심층을 모험하고
깨지며, 부숴지며
더 많이 깨닫습니다

지구가 자전하며 발생하는
어둠과 빛, 낮과 밤처럼
삶의 다양한 면들을 경험하며
그렇게 나만의 순간들은 우리를 성장시킵니다

자전하며, 우리는 배우고
자전하며, 우리는 성장합니다

변하지 않는 중심축을 따라
우리는 끊임없이 변할 것입니다.

여명의 빛

붓 끝에 담긴 회색 물감이 걷히고
희미했던 캔버스 위로 호쾌한 색이 번져
잃어버렸던 선들이 뚜렷이 그려지며
풍경 속에는 희망이 스며들어

그림 속에 다시 퍼지는 여명의 빛
새벽의 첫 번짐처럼, 미래를 향한 획을 긋네.

재현된 여명

아픔이 내 현실을 덮었을 때, 내 안에 들끓던 자신감은 먼 우주의 다른 차원에 있는 것처럼 보였다. 고통 속에서 방향을 잃은 내 발걸음은 머뭇거리며, 길을 잃은 그림자들처럼 방황했다. 하지만 속삭이는 운명이 내 귓가에 조용히 말을 걸었다. 운명은 스스로를 재창조할 수 있는 힘에 대한 이야기를 했고, 잃어버렸던 색채들을 내 안에서 다시 찾게 해주었다.

내 안의 붓은 다시 움직이기 시작했다. 처음에는 주저하며, 불확실한 선들이 캔버스 위를 어슬렁거렸다. 그러나 각 선이 서로를 만나고, 색이 색을 만나며, 점차 확신의 형태를 이루기 시작했다. 그렇게 서서히, 내 마음의 캔버스 위에 새로운 그림이 그려졌다. 그것은 과거의 어둠을 벗어나 희망의 빛으로 가득 찬 풍경이었다.

자신감은 이제 그림 속에 재현된 여명처럼 내 안에 존재했다. 그 빛은 내일을 향한 길을 비추며, 각 발걸음에 힘을 불어넣었다.

미래는 여전히 불확실했지만, 나는 내 안의 빛을 따라갈 준비가 되어 있었다. 내 안에 재현된 여명은 나를 이끌고, 내가 그려낼 무수한 가능성 위에 확고한 획을 그을 것이다.

우드득

우드득, 낡은 문이 움직이며 소리를 내
운명의 손이 흔들리는 나무 문턱을 넘어서다
알 수 없는 길이 어둠 속에 숨어 있어
망설이는 짧은 시간에 운명은 조용히 말을 건네

우드득, 마음 속 잠겨 있던 창이 열리며 소리를 내
두려움으로 쌓인 벽을 넘어 희망을 불러들이네
흔들림 속에서도 발현되는 굳센 의지
위기에 감춰진 기회의 문턱이 보이네

우드득, 바람이 문틈을 통해 들어올 때
문을 닫지 말고 힘껏 열어젖혀야 해
낡은 문틀 너머 새로운 경치가 펼쳐질 때
우드득, 그 소리는 새로운 시작을 알리는 신호가 되네

달램

이별은 겨울이 끝나고 봄이 오는 과정과 같다. 겨울이 길고 추운 것처럼, 이별은 가슴을 얼어붙게 만들고 세상의 모든 색을 잃어버린 것만 같은 공허함을 느끼게 한다.

하지만 겨울이 지나고 봄이 오면, 땅은 다시 생명을 품기 시작한다. 처음엔 눈에 띄지 않는 작은 싹들이 터져 나와 결국 화려한 꽃을 피우고, 나무들은 새로운 잎을 틔우며 더욱 튼튼해진다.

가을이 겨울에게 자리를 내어주듯
낙엽이 흙으로 돌아가 새 생명을 키우듯
우리의 이별은 봄을 위한 준비

잠시 멈춤이야말로 가장 큰 걸음이 될 때
빗물이 씨앗을 깨우고, 꽃을 피우듯
슬픔의 무게가 내일의 힘이 될지니

낙엽이 지고 꽃이 피는 것처럼
이별의 뒤에는 새로운 계절이 기다리리라
우리가 걸어온 길 위에 있는 서로의 발자국은
또 다른 시작을 위한 비옥한 토양이 되리니

그러니 이별이여, 고마워라
너는 나를 더 넓은 세상으로 인도하는
가장 깊은 교훈이다.

노인의 회고

이야기 하나 들려줄까, 젊은 친구여
우리 동네 오래된 목상 뒤에는
옛날 옛적, 하나의 산이 있었다네
그 산은 험난해서 아무도 오르지 않았어

하지만 매일 그 산을 넘는 눈 먼 나그네가 있었어
넘어지기도, 길을 잃기도 했지
하지만 그는 흙을 털고 일어나
다시금 그 산으로 가곤 했네

어느 날 밤, 가장 어두웠을 때
나그네 앞에 밝게 빛나는 달이 나타났어
다들 그 달을 시련이라 불렀지만
나그네는 그것을 다리라 불렀지

그는 용기를 가지고 달을 따라
달빛이 수놓은 다리를 건너
새벽 빛 속으로 걸어갔어
그의 발걸음은 더욱 단단해졌고
그의 마음은 달빛처럼 밝아졌네

그리하여 그는 알게 되었지
시련처럼 보이는 달이 사실은 우리를 이끌려 하고
마음 속 깊은 곳에는 언제나 희망이 살고 있음을

이야기 마칠 시간이 되었네, 젊은 친구여
하지만 기억해. 너의 실노 빛이 이끌어 줄 거야
넘어질 때마다 더욱 강해지고
어둠 속에서도 네 빛을 찾을 수 있다는 것을
반드시 기억해.

울어서 웃겠다

나는 소나기 속에 비치는
저 햇살을 바라보고 있었어
그러다 오랜만에 사색에 잠겼지

사색은 언제나 많은 깨달음을 줘
그날도 많은 깨달음을 얻었지

그 중 가장 기억에 남았던 것은
상처에는 이야기가 있고, 실패에는 통찰이 있다는 거야

한때는 그 아픔에 무릎 꿇었지만
지금은 그 통증을 힘으로 바꿀 수 있을 것 같이
잃어왔던 것들 중에서도
얻은 것이 더 많다는 걸 깨닫게 돼

결국 상처는 내게 이야기를, 실패는 통찰을 주었고
종내에는 모든 것을 안고, 내일을 향해 걸어갈거야

괴로웠던 어제야. 고마워
너가 준 소중한 교훈을 안고
오늘을 살고 내일을 꿈꾸며
나만의 길을 걸어갈게

이제는 나 자신에게 약속할게
이 소나기 너머에 있는
내일의 나에게로 한 걸음 더 다가서며
울어서 웃겠다
그 말을 가슴에 새길 것을.

5장 ——————————— 자유와 해방

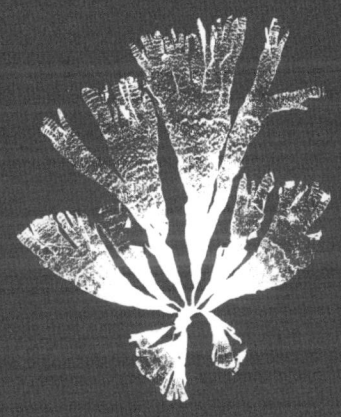

목적

삶의 제약에서 벗어나기

진실된 자유를 향해 나아가기

자신만의 길을 걷기

흙길을 걷다

편안한 도로를 벗어나
흙길에 내린 첫 발자국
불안한 아침의 흙길에서
나는 걷기 시작했다

무엇이 올지 모르는 아침
불안함을 가슴에 안고
한 걸음, 또 한 걸음
더러움이 묻어나는 흙길을 걷는다

매 순간, 바람은 새롭고
구름은 늘 다른 얼굴로
나의 소망과 함께 춤추며
흙내음과 겹겹이 결을 맞춘다

복잡한 숲을 지나
드넓은 강을 건너
흙길의 끝에서 만난 것은
불안함을 극복해낸 나 자신이었다

강해진 내 마음 속에
무엇이든 쥘 수 있는 힘을 발견하고
꿈의 고지를 향해
굳세게 홀로서기 위한 발걸음을 내딛는다

길을 내려가며, 나는 깨달았다
홀로 서는 것은 외로움이 아니라
자신을 찾아가는 흙발
때묻은 자유를 발견하는 여행이었다.

성찰일기

[1]
가혹한 말들이 울려퍼져
영혼 속 깊숙한 곳을 파고들었다
이해와 관용은 요원하게만 느껴지며
온 세상이 한순간에 적으로 돌변했다

[2]
상황을 반추하며
분노와 슬픔을 견디고
서서히 자신을 돌아보기 시작했다
내면의 소리에 귀 기울이며 변화를 모색했다

[3]
깨달음이 찾아오며
비판과 시련을 감내하고
나의 길을 만들어 가기 시작했다
오래된 상처를 넘어서 새로운 시작을 준비하기 시작했다

[4]
결심을 굳게 하고
과거의 기억에서 벗어나
새롭게 얻은 교훈과 함께
확고한 발걸음으로 앞으로 나아갔다

[5]
찾아헤매던 평안의 순간이 다가오며
분노와 슬픔을 이겨내고
차가운 현실 너머의
조용한 변화가 시작되었다

[6]
매서운 비판을 초월해
독립된 세계를 재건하기 시작하며
오래된 상처를 넘어서
새로운 이해의 차원을 알게 되었다

[-]
이제 각오를 단단히 하고
과거의 트라우마를 벗어던진 채
힘겨운 시련을 통해 얻은 진실된 힘으로
진정한 자유를 맞이한다.

제목이 없는 시

제목 없이 시작된 시
이건 말로 표현할 수 없는 무의식의 이야기

무의식을 구성하는
우리의 기억에는 숨겨진 의미가 있다
무언가를 말하려 하지만, 결국 말하지 않는.

조용한 속삭임이지만 큰 외침와 같은
표현되지 않은 생각들의 향연
제목이라는 틀을 거부하며
자유롭게 흐르는 시의 강

이 시는 제목 없이
마음속 깊은 곳에서 울려 퍼지는
무한한 가능성을 담고 있네.

그림자 놀이

거짓 속에 숨어
세상은 그림자 놀이를 한다
자아를 잃어버린 사람들의 모습은 왜곡되어
진실의 본질이 흐려진다

허황된 말의 연쇄 속에서
진실의 길을 잃어버린 이들
거짓의 족쇄에 묶여
자신의 본심조차 잊고 살아가네

우리는 당당함의 불꽃을 점화해야한다
불빛만이 거짓의 그림자를 몰아내고
숨겨진 진실을 밝힐 것이니

용기 있는 자만이
베일을 걷어낼 수 있다

우리의 당당한 걸음걸이는
진실의 길을 밝히는 등불이 된다

그러니, 당당히 서서
자신의 진실을 드러내라
거짓의 그늘을 뚫고 나와
진실의 빛으로 세상을 비추어라.

직관의 지도

신성이 깃드는 밤에
나만의 지도를 그려간다
무의식의 세계에서
의식의 팻말을 띄우고
용감히 미지의 세계로 나아간다.

자유를 위하여

자유란 해가 서산 뒤로 떨어지는 자유
그것은 내게 주어진 시간을 초록빛으로 만드는 자유
그 자유를 향해 내 발걸음은 담배 연기처럼 가볍게
그러나 불꽃처럼 뜨겁게 나아가고 있다

태풍이 불면 나의 마음은 풍선처럼 흔들리지만
그 풍선 안에 갇힌 건, 간절히 활강하기를 바라는
나의 꿈과 자유이다
그 자유를 향해 나는 걸음을 멈추지 않는다.

시간이 흐르면, 낙엽처럼 지는 것들도 있지만
그것들은 자유를 향한 나의 발걸음을 가벼워시세 해준다
그래. 나는 자유를 향해, 언제나 나아가고 있다.

광전 효과

빛이여. 너는 어떻게 그토록 자유로운가
매질도 없이 네 스스로의 길을 만들며
단단한 금속판과 부딪히면 전자를 방출해낸다
그 작은 충돌 속에서조차 네 존재의 의미를 발견하니

그것은 모두가 조금씩 외면하고 있었던 사실
삶의 에너지를 내기 위해선 충돌이 필요하다는 것

충돌에도 불구하고 에너지를 방출해내는 너처럼
장애물에도 불구하고 궤적을 바꿔 굴절하는 너처럼
나의 꿈과 열정이
내 삶의 의미와 목적에 맞게 강하고 유연해지기를 바란다.

너처럼 자유로운 궤적을 따라 내 길을 만들고 싶다
전자를 방출해내듯 내 열정도 빛내고 싶다

그렇게 작은 충돌들을 통해 나의 자유를 찾으며
내 안의 에너지를 방출해 나를 드러내고자 한다

이제는 빛처럼 자유롭게 내 삶을 비추며
세상의 작은 빛이 되고자 한다.

새장을 열며

[1]
익숙한 공간을 벗어나기는 쉽지 않다.

오랫동안 나는 새장 안에 있었다. 익숙함으로 가득 찬 새장. 나만의 소중한 물건들이 가득 담긴, 작고 안락한 기쁨의 공간. 새장의 바닥에는 오래된 신념들이 편안한 침구처럼 깔려 있었고, 나를 지켜주는 철조망은 익숙한 생각들로 이루어져 있었다.

그곳에서 나는 자유를 꿈꾸었으나, 그 꿈은 새장 안에서만큼은 이상하리만치 희미한 그림자에 불과했다. 자유란 분명 나 자신의 의지를 마음껏 표출할 수 있는 것이다. 분명 위험하기 짝이 없는 새장 밖의 세상은 먼 곳에 있었다. 나의 생각은 새장 안에서만큼은 안전했기 때문에. 나의 믿음과 가치들은 그 안에서 완벽하게 보호받았다. 나는 자유롭게 내 의지를 드러낼 수 있었다. 그래서 나는 분명 자유로워야 했다. 가끔 외부로부터 부당한 방식으로 공격받기는 했지만 나의 뛰어난 재능은 그것들을 모두 물리쳤다. 하지만 그것들은 동시에 나를 그 공간에 가두었고, 나는 그 안에서만큼은 그 어떤 변화도, 성장도 경험할 수 없었다.

또한 새장 밖의 색들은 새장 안의 색들과는 사뭇 달랐다. 나는 그 차이를 인지하는 것이 사실 두려웠다. 나의 존재성은 언제나 위대함에 뿌리내려야 했다. 그렇게 두려움은 새장의 철조망을 더욱 단단하게 만들었고, 그것은 나를 더욱 깊은 고독으로 이끌었다.

새장의 문은 오래전에 잠겨버렸고, 그 열쇠는 내가 가진 것이 아니라고 생각했다. 혹은 그랬다고 나는 믿고 있었다.

[2]

그러던 어느 날, 바람이 새장의 철조망 사이로 스며들었다. 그 바람은 다른 세계의 소리, 다른 생각의 색채를 가지고 있었다. 바람은 나의 고독을 흔들어 깨웠고, 나는 바람이 불어오는 곳을 바라보기 시작했다. 새롭게 등장한 그것은 나에게 새장의 문을 열어젖히라고 속삭였다. 처음에는 두려움이 나를 가로막았다. 그러나 바람은 인내심 있게, 부드럽게 내 고독한 새장을 감싸 안았다. 그리고 나는 느꼈다. 열쇠는 내 안에 있었다는 것을.

내가 새장의 문을 열었을 때, 세상은 내가 상상했던 것과는 사뭇 달랐다. 그곳은 두려움과 고독으로 가득 찬 공간이 아니었다. 그곳에는 무수한 색채가 있었고, 무한한 가능성이 펼쳐져 있었다. 내가 한 발자국 내딛을 때마다, 세상은 나를 반겼다. 내가 그동안 견고하다고 믿었던 생각의 벽들은 사실 무한한 가능성으로 가득 찬 창문이었다.

새장을 열고 나온 나는 이제 자유롭게 날 수 있다. 나는 내가 생각했던 것보다 훨씬 더 넓은 세상 속에서 나의 길을 찾아갔다. 그 길은 예상치 못한 방향으로 나를 이끌었다. 하지만 그 길에서 나는 진정으로 자유를 경험했고, 그 자유 속에서 나는 진정으로 나 자신을 발견할 수 있었다. 예상치 못한 사건이 발생한다고 해서 내가 잃을 것은 없었다. 두려워할 대상은 애초에 존재하지 않았던 것이다. 그저 그동안 갇혀 있었던 새장이 내 안의 두려움을 키울 뿐이었다. 새장을 열고 나온 나는 새로운 세계에서 새로운 나를 맞이할 준비가 되어 있었다.

나침반

길을 잃어도, 걱정하지 않는다.

나침반이 내게 내재되어 있기 때문이다.
북쪽을 가리키지 않아도
그것은 내가 가야 할 길을 가리킨다.

이해되지 않는 상황들이 불며
세상은 나를 흔들어 놓지만
내 나침반은 언제나 한 방향을 가리킨다.

내 심장
내 직관.

사회의 기준, 타인의 시선
무거운 짐들을 내려놓고서
진정 옳다고 느끼는 것을 따라가면
결국 관념의 벽을 넘어설 수 있다.

두려움과 의심 속에서도
나의 심장이 나침반 되어
자유로운 영혼을 향해 나아가리
내 안의 욕망을 따라 무한히

자유란 내면의 나침반을 따라
자신만의 길을 걷는 것

누군가가 허락없이 정한
관념의 감옥을 벗어나
나다움을 향해 나아가는 것

그러니, 당신의 진심을 믿어라
그것이 가리키는 방향으로 걸어라
그곳에 진정한 자유가 있으니.

천사의 다짐

다짐을 하나 할게요. 들어주세요

오늘 제가 걸어야 할 길을 찾았어요.
그리고 당당히 걸을 거예요
제 발걸음을 조심스레 이끌며
아름다운 저 땅을 향해

저는 이제부터
언제나 누군가의 위로가 되고자 했어요
나의 길은 바로 사랑과 위로를 전하는 것

저는 깨달았어요
언제나 사랑을 표현할 수 있다고
그 안에서 가슴을 열어줄 수 있다고

제가 선택한 길에서
저는 스스로의 따스함이 되어
어둠을 밝히고, 외로운 이들에게 따뜻함을 전할거에요

날이 밝든, 날이 어둡든, 나의 길은 변치 않아요
날이 밝다면 그들을 응원하겠어요
날이 어둡다면 그들을 다독이겠어요

사랑으로
용기로
믿음으로 걸어갈 거예요

나의 다짐은 나의 길 위에서 가장 아름다운 꽃이 되어
세상 모든 존재에게 위안을 주는 것.

나는 천사
사랑을 심고, 희망을 키우는 존재.
그 길이 험난하더라도
저만의 힘을 잃지 않으며
세상에 긍정의 메시지를 전할 거에요

그러니 들어주세요. 이 천사의 속삭임을
나의 길, 나의 다짐, 나의 사랑을
이 모든 것이
어둠 속에서도 길을 잃지 않는 나침반이 되어줄 것이라는
나만의 꿈을.

홀로 서서 깨어나다

마음의 감옥은 고립되었다
그래서 억압된 순간에는 철책이 더욱 무겁게 느껴진다
그럼에도 우리가 당당히 혼자 일어설 때
비로소 해방의 바람이 불어온다

부서지는 감옥의 족쇄

첫 걸음에 자유를 향해 문을 열고
두 걸음에 끝없는 하늘로 향한다
세 걸음에 답답한 세상을 뒤로한 채
네 걸음에 나만의 광활함 속에서 비상하며
다섯 걸음에 내면의 용기가 울려 퍼지고
마지막에는 숨겨진 가능성들이 찬란히 빛난다

나 자신을 드러내며
무수한 도전들과 마주하고

그 자유를 향해 나아가는 웅장한 과정
매 순간 새로운 용기와 의지가 솟아난다

그렇게 마음속 깊은 곳에서 새로운 '나'가 날아오른다
홀로서기를 통한 본성의 해방
그것이
자유로운 존재로서의
나.

홀로서기를 위한 시

팀 구텐베르크 지음

출간일	초판 1쇄 2024년 4월 XX일
지은이	팀 구텐베르크
펴낸곳	구텐베르크 출판사
출판 등록	제2024-000013호
펴낸이	김민성
편집	이지윤
대표전화	010-8260-0931
이메일	manyack@naver.com

ISBN 979-11-987374-0-3 (03810)

[새로운 시대를 위한 영감] 구텐베르크 출판사입니다.
좋은 도서만을 제작하겠습니다.
잘못 만들어진 도서는 구입처에서 교환해 드립니다.

이 책은 저작권법에 따라 보호받는 저작물이므로 무단전재와 무단복제를 금지하며,
이 책 내용의 전부 또는 일부를 이용하려면 반드시 저작권자의 서면동의를 받아야 합니다